하루  한장

O X 퀴즈
초등 맞춤법 쓰기

어휘력이 자란다

김건구 지음

테크빌교육

지은이 김건구

인천의 한 초등학교에서 아이들을 가르치는 선생님입니다.
교육 내용과 연계된 그림책, 동화 등을 쓰고 있습니다.
학생들이 쉽게 공부할 수 있도록 다양한 교육 자료를 만들고 있습니다.

경인교대 국어교육과 석사 졸업
월간 저널 '영웅' 단편 소설 최우수상 수상(2016)
제2회 길 위의 꿈 여행 수필상 입상(2019)
제4회 밀크티 창작동화 공모전 금상 수상(2022)
『위인들에게 배우는 어린이 인성 교육』 출간(2022)
유튜브 '초기공tv[초등학생의 기초 공부법]' 채널 운영중

초등 맞춤법 쓰기 어휘력이 자란다

초판 발행 2022년 7월 27일
지은이 김건구
그린이 김보경
펴낸이 이형세
펴낸곳 테크빌교육㈜
책임편집 권민서 | **디자인** 고희선 | **영상** 권덕희
테크빌교육 출판 서울시 강남구 언주로 551, 5층 | **전화** (02)3442-7783

ISBN 979-11-6346-159-3 73700
책값은 뒤표지에 있습니다.

테크빌교육 채널에서 교육 정보와 다양한 영상 자료, 이벤트를 만나세요!

블로그 blog.naver.com/njoyschoolbooks   **페이스북** facebook.com/teacherville
티처빌 teacherville.co.kr   **키즈티처빌** kids.teacherville.co.kr
쌤동네 ssam.teacherville.co.kr   **티처몰** shop.teacherville.co.kr

이 책의 무단 전재와 무단 복제를 금합니다.
잘못 만들어진 책은 구입하신 서점에서 교환해드립니다.

머리말

아리송하고 헷갈릴 때마다
재미있게 맞춤법을 익혀요!

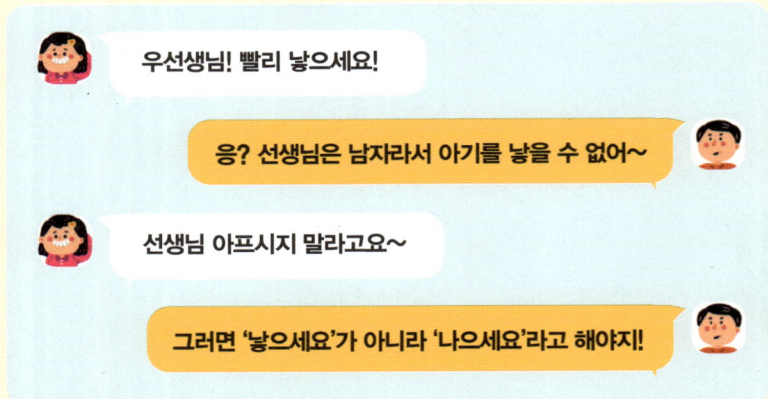

휴대전화 문자나 메일로 글을 보내다가 맞춤법을 틀려서 엉뚱한 상황이 벌어진 경험이 있을 거예요. 어린아이들이 실수를 하면 웃어넘길 수 있지만, 어른이 되면 그렇지 않아요. 계약서나 보고서를 쓸 때, 다른 사람들 앞에서 중요한 발표를 할 때 맞춤법을 틀리면 매우 난처해요. '세 살 버릇 여든 간다'고 하니 지금부터 맞춤법에 맞는 바르고 고운 말을 쓰는 습관을 기르면 좋아요.

사람들이 생활하면서 지켜야 할 법이 있듯이, 우리가 말과 글을 쓸 때 지켜야 할 규칙이 있어요. 그게 바로 맞춤법이에요. 그럼 맞춤법은 왜 배워야 할까요?

첫째, 정확하게 뜻을 전달할 수 있어요. 위에서 본 대화처럼 맞춤법에 맞지 않은 글을 쓰면 상대방이 오해할 수 있어요.

둘째, 글을 읽는 사람에게 믿음을 줄 수 있어요. 우리는 살아가면서 설명하는 글, 주장하는 글, 일기, 독서록 등 다양한 글을 쓰지요. 그런데 맞춤법에 맞지 않으면 아무리 내용이 좋다 하더라도 그것을 믿기 어려울 거예요.

셋째, 글쓰기에 자신감이 생겨요. 여러분이 맞춤법을 바르게 익혀 잘 알게 되면, 받아쓰기는 물론 글을 쓸 때 두렵지 않아요. 이 책을 공부하고 나서 고민 없이 글을 술술 써 내려가는 여러분의 모습이 보이는 듯해요.

이 책은 여러분들이 자기 주도적으로 맞춤법을 쉽고 재미있게 공부할 수 있도록 구성되어 있어요. OX퀴즈를 풀면서 그동안 자신이 알고 있던 맞춤법이 맞는 것인지 스스로 확인해 볼 수 있어요. 그리고 영상자료를 보면서 한번 더 내용을 이해할 수 있어요. 또, 낱말을 바르게 따라 쓰고, 맞춤법에 맞는 문장을 지어 보면서 공부한 내용을 올바르게 활용할 수 있어요.
여기에, 사다리타기 게임을 하거나 친구들과 함께 카드로 놀면서 재미있게 맞춤법을 익힐 수 있어요.
여러분들이 이 책으로 공부하면서 바르고 고운 언어 습관을 들이길 바라요!

여러분의 맞춤법 친구,
김건구 선생님이

차례

무럭무럭 칭찬표   3
머리말   4

1주   잘못 사용하고 있는 낱말

1	솔직히 와 가까이	10
2	금세 와 밤새	12
3	오랜만 과 무릅쓰다	14
4	설거지 와 숨바꼭질	16
5	나무꾼 과 해님	18

어휘력 쑥쑥 맞춤법 문제 1   20

2주   뜻과 소리가 비슷하지만 다른 낱말

6	잃어버리다 vs 잊어버리다	24
7	바라다 vs 바래다	26
8	안 vs 못	28
9	알갱이 vs 알맹이	30
10	가르치다 vs 가리키다	32

어휘력 쑥쑥 맞춤법 문제 2   34

3주 소리가 비슷하지만 다른 낱말

11	왜 vs 꾀	38
12	왠 vs 웬	40
13	메다 vs 매다	42
14	세다 vs 새다	44
15	비치다 vs 비추다	46

어휘력 쑥쑥 맞춤법 문제 3 48

4주 소리가 같지만 다른 낱말

16	시키다 vs 식히다	52
17	다치다 vs 닫히다	54
18	무치다 vs 묻히다	56
19	부치다 vs 붙이다	58
20	버리다 vs 벌이다	60

어휘력 쑥쑥 맞춤법 문제 4 62

부록
도움 답안 66
OX퀴즈 맞춤법 카드 67

1주

잘못 사용하고 있는 낱말

공부할 내용

1	솔직히 와 가까이	월 일	✓
2	금세 와 밤새	월 일	
3	오랜만 과 무릅쓰다	월 일	
4	설거지 와 숨바꼭질	월 일	
5	나무꾼 과 해님	월 일	

1 솔직히와 가까이

해설 영상

맞춤법 O X

가까이 : 가까히 가서 봐.

솔직히 : 솔직이 너무 지저분하지 않니?

정답
가까이
솔직히

어떤 모습을 꾸며주는 말 중에 '이'나 '히'로 끝나는 것이 있어요. 이 둘 중 어떤 것을 써야 할지 헷갈릴 때는 '히'를 '하다'로 바꾸어 보세요. 말이 되면 '히'가 맞고, 말이 되지 않으면 '이'가 맞아요. 예를 들어 '솔직히'는 '솔직하다'로 바꾸어 쓸 수 있기 때문에 '히'가 맞고, '가까이'는 '가까하다'라고 바꾸어 쓸 수 없기 때문에 '이'가 맞아요.

외우기 팁

'하다'를 붙여 보세요!

솔직 **하다** (O) → 솔직**히**

가까 **하다** (X) → 가까**이**

1 낱말을 큰 소리로 읽고 맞춤법에 맞게 쓰세요.

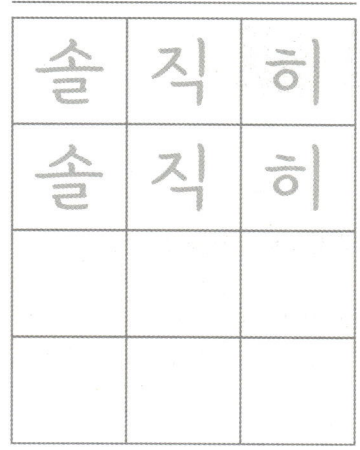

2 문장에 들어갈 낱말을 보기에서 골라 맞춤법에 맞게 쓰세요.

| 보기 | 솔직이 | 솔직히 | 가까히 | 가까이 |

① 이쪽으로 ☐ 오렴.

② 네 마음을 ☐ 말해 봐.

③ ☐ 이 문제는 너무 어려워요.

④ 얘는 나와 ☐ 지내는 친한 친구예요.

> 발음을 바르게 하면 외우기 쉬워요.
> [솔찌기]가 아니라 [솔찌키]예요.

3 오늘 배운 낱말을 넣어 나만의 문장을 써 보세요.

① 솔직히 _____

② 가까이 _____

2 금세 와 밤새

해설 영상

맞춤법 O|X

밤새 : 밤세 게임을 해서 그런지,

금세 : 금새 피곤해졌어요.

정답
밤새
금세

'금세'는 '지금'이라는 뜻을 가진 '금시'와 '에'가 만나 생긴 말이에요. 여기서 한 번 더 말이 줄어서 '금세'가 되었고요.
'밤새'는 '밤'과 '사이'가 만나 생긴 말이에요. '밤사이'라는 말이 줄어 '밤새'가 된 것이지요. 이처럼 '사이'가 줄어든 '새'를 쓰는 낱말에는 '요새(요사이)', '어느새(어느 사이)'가 있답니다.

외우기 팁

금으로 만든 새는 없으니까 **금세** !

밤에도 새가 있으니까 **밤새** !

1 낱말을 큰 소리로 읽고 맞춤법에 맞게 쓰세요.

금	세
금	세

금	세
금	세

밤	새
밤	새

밤	새
밤	새

2 문장에 들어갈 낱말을 보기에서 골라 맞춤법에 맞게 쓰세요.

보기   밤세   밤새   금세   금새

① [ ] 비가 내렸어요.

② 감기에 걸려 [ ] 앓았어요.

③ [ ] 비가 그치고 날이 갰어요.

④ 약을 먹었더니 [ ] 열이 내렸어요.

3 오늘 배운 낱말을 넣어 나만의 문장을 써 보세요.

① 금세 _____

② 밤새 _____

오랜만 과 무릅쓰다

해설 영상

맞춤법 O|X

오랫만 : 오랜만 에 눈이 내렸어요.

추위를 무릅쓰고 : 무릎쓰고 밖에 나가 놀았어요.

정답
오랜만
무릅쓰고

'오랜만'은 '오래간만'이 줄어든 말이에요. 이와 비슷한 표현인 '오랫동안'에는 'ㅅ' 받침을 넣어 쓰지만, '오랜만'에는 'ㅅ' 받침이 들어가지 않아요!

'무릅쓰다'는 힘들고 어려운 일을 참고 견딘다는 뜻입니다. '무릎쓰다'는 소리가 비슷하지만 틀린 표현이에요.

외우기 팁

오래간만 이 줄어서 오랜만 !

무릎 쓰면 아파요!  쓰세요!

1 낱말을 큰 소리로 읽고 맞춤법에 맞게 쓰세요.

2 문장에 들어갈 낱말을 보기에서 골라 맞춤법에 맞게 쓰세요.

| 보기 | 오랜만 | 오랜만 | 무릎쓰다 | 무릅쓰다 |

① 친구를 ☐☐☐☐☐ 에 만났어요.

② 나는 부끄러움을 ☐☐☐☐☐☐ 큰 소리로 인사했어요.

③ 정말 ☐☐☐☐☐ 이야! 그동안 너는 어떻게 지냈니?

④ 그 친구는 주변의 반대를 ☐☐☐☐☐☐ 등산가가 되었어요.

3 오늘 배운 낱말을 넣어 나만의 문장을 써 보세요.

① 오랜만 _____

② 무릅쓰다 _____

4 설거지와 숨바꼭질

해설 영상

맞춤법 OX

숨바꼭질 : 숨박꼭질 은 이제 그만.

아빠는 설거지 : 설겆이 해야 하거든!

정답
숨바꼭질
설거지

'설거지'는 먹고 난 뒤 그릇을 씻고 정리하는 일을 뜻해요. 옛날에는 '설겆다'라는 말이 있어서 '설겆이'라고도 했었지만, 지금은 소리 나는 대로 '설거지', '설거지하다'라고 쓰기로 약속했어요. '숨바꼭질'은 술래가 숨어 있는 사람을 찾아내는 놀이예요. '숨박꼭질'은 없는 말이니까 주의해서 쓰도록 해요!

외우기 팁

설거지하고 가자!

술래 몰래 **숨**어서 **바**라보는 **숨바**꼭질!

1 낱말을 큰 소리로 읽고 맞춤법에 맞게 쓰세요.

설	거	지
설	거	지

숨	바	꼭	질
숨	바	꼭	질

2 문장에 들어갈 낱말을 보기에서 골라 맞춤법에 맞게 쓰세요.

보기   설거지   설겆이   숨박꼭질   숨바꼭질

① _____는 정말 힘들어!

② 나랑 _____하고 놀래?

③ 동생은 _____에서 계속 술래가 되었어요.

④ 엄마는 _____를 하고, 나는 식탁을 치웠어요.

3 오늘 배운 낱말을 넣어 나만의 문장을 써 보세요.

① 설거지 _____

② 숨바꼭질 _____

5 나무꾼과 해님

해설 영상

맞춤법 O|X

[나무꾼] [나뭇꾼] 은

[해님] [햇님] 을 보며 땀을 뻘뻘 흘렸습니다.

정답
나무꾼
해님

'나무꾼'은 '나무'를 하는 '사람'을 뜻해요. 땔감이 될 나무를 베어 오는 사람을 말해요. 그리고 '해님'은 '해'를 친근하게 부르거나 높여 부를 때 쓰는 말입니다. 이처럼 우리말은 각자 뜻을 가진 두 부분이 만나서 새로운 낱말을 만들 수 있어요. 그런데 이때, '비'와 '물', 그리고 '나무'와 '잎'처럼 혼자서 쓰일 수 있는 낱말이 만날 때는 '비'+'물'='빗물', '나무'+'잎'='나뭇잎'처럼 가운데 'ㅅ'(사이시옷)을 넣지요. 하지만 '나무꾼'의 '-꾼'이나 '해님'의 '-님'처럼 중심 낱말에 붙어서만 쓰일 수 있는 것이 들어갈 때는 사이시옷을 넣지 않아요. 꼭 기억해 두세요!

외우기 팁 [나무] 꾼, [해] 님! 원래 이름 그대로 써요!

1 낱말을 큰 소리로 읽고 맞춤법에 맞게 쓰세요.

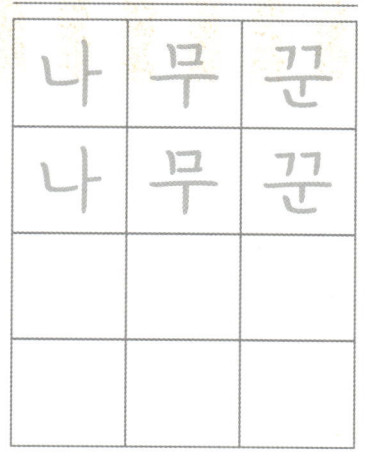

2 문장에 들어갈 낱말을 보기에서 골라 맞춤법에 맞게 쓰세요.

| 보기 | 나무꾼 　 나뭇꾼 　 해님 　 햇님 |

❶ '선녀와 [　　　　]' 이야기를 읽었어요.

❷ [　　　　] 이 수평선 위로 떠올랐어요.

❸ [　　　　] 이 구름 사이로 얼굴을 내밀며 방긋 웃었어요.

❹ 사슴이 다가와 말했어요. "[　　　　]님! 제발 살려주세요!"

3 오늘 배운 낱말을 넣어 나만의 문장을 써 보세요.

❶ 나무꾼 _____

❷ 해님 _____

다음 문장을 읽고, 맞춤법에 맞게 쓴 것을 고르세요.

1 솔직히 : 솔직이 노랫소리가 너무 시끄러워요.

2 비가 내리는 날에는 전봇대에 가까히 : 가까이 가면 위험해요.

3 눈이 금세 : 금새 그쳤어요.

4 밤새도록 : 밤세도록 열이 났어요.

빈칸에 들어갈 낱말을 보기에서 골라 바르게 쓰세요.

보기	오랜만 해님	오랫만 햇님	설겆이 나무꾼	설거지 나뭇꾼

5 ☐ 에 부모님을 따라 시골에 내려갔습니다.

6 그릇이 너무 많아 ☐ 하는 것이 힘들었습니다.

7 비가 그치고 ☐ 이 밝게 떠올랐습니다.

8 옛날 옛적에 한 ☐ 이 살았습니다.

다음 글의 밑줄 친 낱말 중 틀린 것을 찾아 바르게 고쳐 쓰세요.

엄마는 ㉠ 숨박꼭질하며 놀고 있는 아이들을 불렀습니다.
"제현아! 민지야! 할머니께서 ㉡ 오랜만에 우리 집에 오신다는구나."
"우와! 정말요?"
아이들은 신이 나서 환호성을 질렀어요.
"할머니께서 오시기 전에 대청소를 해야 할 것 같아."
"㉢ 솔직히 이 정도면 깨끗한 거 아니에요?"
제현이가 주변을 둘러보았습니다. 엄마는 한숨을 푹 쉬었습니다.
"너희들이 어제 ㉣ 밤세 방을 어질러 놓았잖니."
민지는 손을 번쩍 들고 말했습니다.
"저희가 역할을 나누면 ㉤ 금세 청소를 끝마칠 수 있을 거예요."
"좋은 생각이야. 엄마는 지금부터 ㉥ 설겆이를 할게. 너희들은 방부터 정리해 줄래?"
"네, 엄마!"
두 아이는 열심히 청소를 시작했습니다.

9 _____ →

10 _____ →

11 _____ →

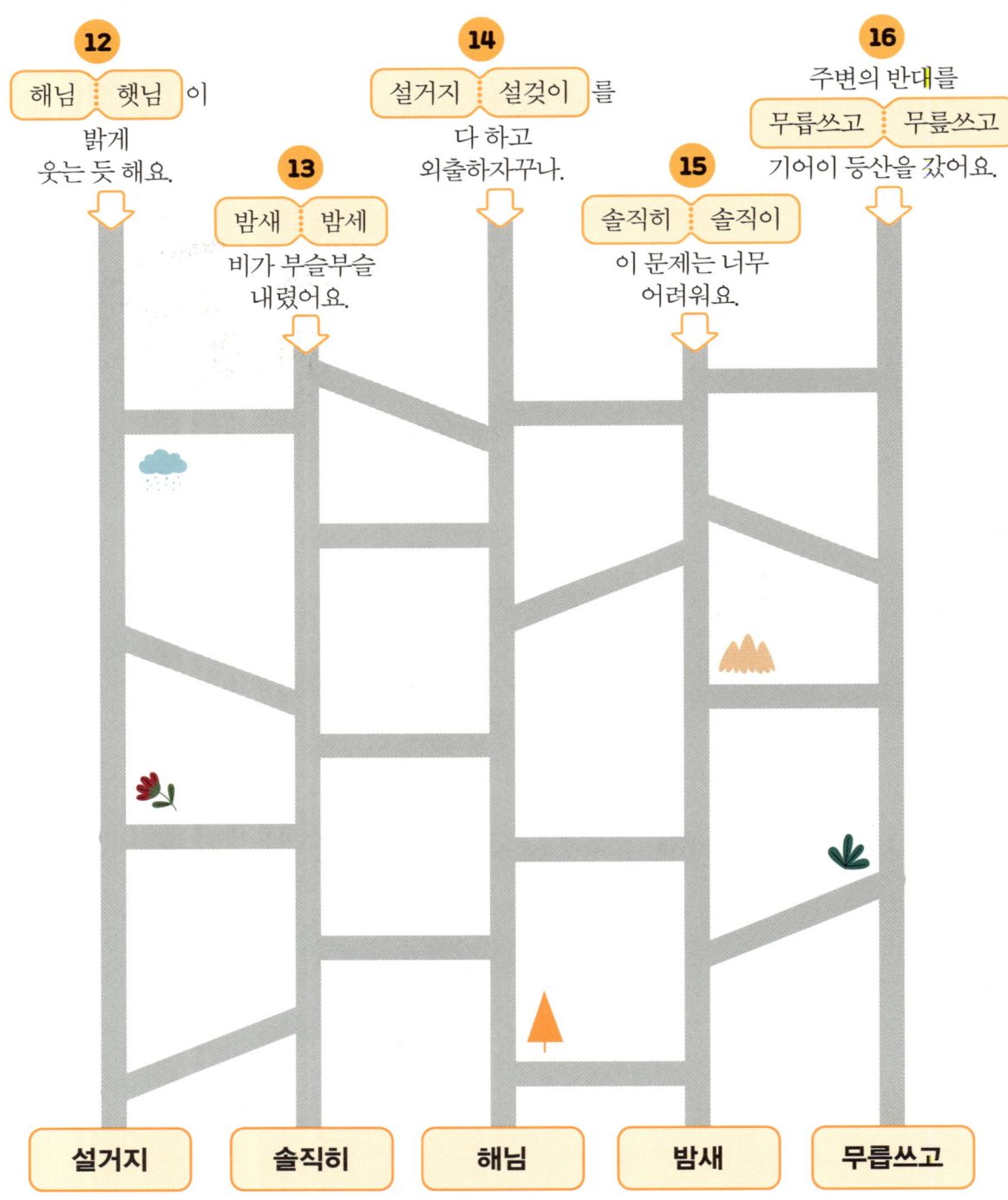

2주

뜻과 소리가 비슷하지만 다른 낱말

공부할 내용

6	잃어버리다 vs 잊어버리다	월	일	✓
7	바라다 vs 바래다	월	일	
8	안 vs 못	월	일	
9	알갱이 vs 알맹이	월	일	
10	가르치다 vs 가리키다	월	일	

잃어버리다 vs 잊어버리다

해설 영상

맞춤법 O|X

어제 새로 산 휴대 전화를 | 잃어버렸어요 : 잊어버렸어요 |.

그리고 친구의 전화번호도 | 잃어버렸어요 : 잊어버렸어요 |.

정답
잃어버렸어요
잊어버렸어요

'잃어버리다'와 '잊어버리다'는 둘 다 원래 있던 것이 사라졌다는 뜻을 가지고 있어요.

뜻은 비슷하지만 다른 상황에서 사용해요. '잃어버리다'는 갖고 있던 물건이 사라지는 것을 뜻하고, '잊어버리다'는 원래 알고 있던 것을 기억하지 못하는 것을 나타내요.

외우기 팁 물건을 잃어버리다.   기억을 잊어버리다.

1 낱말을 큰 소리로 읽고 맞춤법에 맞게 쓰세요.

잃	어	버	리	다
잃	어	버	리	다

잊	어	버	리	다
잊	어	버	리	다

2 문장에 들어갈 낱말을 보기에서 골라 맞춤법에 맞게 쓰세요.

> **보기**
> 잃어버렸어요   잊어버렸어요
> 잃어버리고   잊어버리고

① 지갑에 있던 돈을 _____.

② 현관문 비밀번호를 _____.

③ 학교에서 수학 책을 _____ 말았어요.

④ 수학 숙제 하는 것을 _____ 말았어요.

3 오늘 배운 낱말을 넣어 나만의 문장을 써 보세요.

① 잃어버리다 _____

② 잊어버리다 _____

7 바라다 vs 바래다

해설 영상

맞춤법 O|X

어릴 적 친구들과 찍은 사진이 벌써 색이 [바랐네] [바랬네].
언젠가 친구들을 다시 만나길 [바라] [바래].

정답
바랬네
바라

우리는 흔히 무엇을 기원할 때 '~하길 바래!'라고 말해요. 하지만 이 표현은 옳지 않아요. '바래다', '바램'은 어떤 영향으로 색이 연하게 변했다는 뜻이니까요. 어떤 일이 이루어지기를 간절히 원할 때는 '바라다', '바람'이라고 써야 해요. 그러니 '소원이 이루어질 바라!'라고 말하세요.

외우기 팁

[바람] 이 불기를 [바라다]
[색] 이 [바래다]

1 낱말을 큰 소리로 읽고 맞춤법에 맞게 쓰세요.

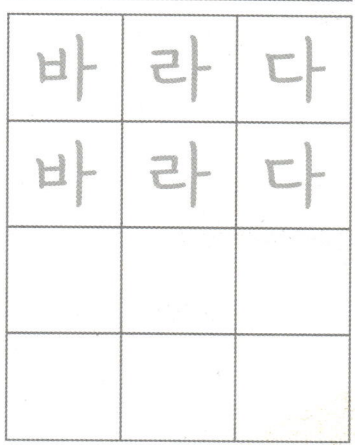
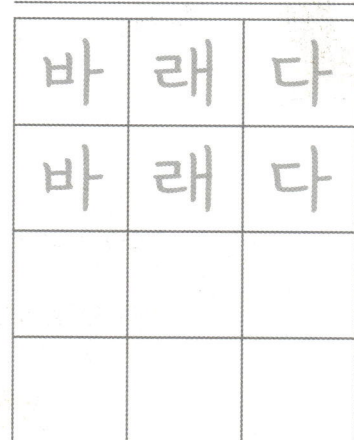

2 문장에 들어갈 낱말을 보기에서 골라 맞춤법에 맞게 쓰세요.

| 보기 | 바랐어요 | 바랬어요 | 바라다니 | 바래다니 |

① 흰 종이가 누렇게 ☐.

② 크리스마스에 눈이 내리길 ☐.

③ 공부도 안하고 시험에서 100점 맞기를 ☐.

④ 작년에 산 티셔츠인데, 벌써 이렇게 색이 ☐.

색깔이 있으면 '바래다'예요.

3 오늘 배운 낱말을 넣어 나만의 문장을 써 보세요.

① 바라다 _____

② 바래다 _____

8 안 vs 못

해설 영상

맞춤법 OㅣX
야구는 담장 너머로 공이 넘어갈까 봐 일부러 ⌈안⋮못⌋ 하는 거고, 축구는 공이 없어서 ⌈안⋮못⌋ 하는 거야.

정답
안
못

'안'과 '못'은 둘 다 부정이나 반대의 뜻을 나타내는 말이에요. 다만 '안'이 붙은 표현은 무언가를 할 수 있었는데 일부러 하지 '않'았을 때 쓰고, '못'이 붙은 표현은 무언가를 하고 싶어도 능력이 없어서 '못' 했을 때 쓰지요.

외우기 팁
큰 구멍 **안**에 들어갈 수 있지만, **안** 들어갈래!
못 구멍에는 들어갈 수 없으니까 **못** 해!

1 낱말을 큰 소리로 읽고 맞춤법에 맞게 쓰세요.

2 문장에 들어갈 낱말을 보기에서 골라 맞춤법에 맞게 쓰세요.

| 보기 | 안 | 못 |

① 몸이 아파서 학원에 ☐ 갔어요.

② 종일 누워서 아무것도 ☐ 하니?

③ 귀찮아서 오늘은 운동을 ☐ 했어요.

④ 책장이 높아서 책을 꽂지 ☐ 했어요.

> 내용에 따라 '못하다'는 띄어쓰기도 하고 붙여쓰기도 해요.

3 오늘 배운 낱말을 넣어 나만의 문장을 써 보세요.

① 안 _____

② 못 _____

9. 알갱이 vs 알맹이

해설 영상

맞춤법 OX
우리는 호두 알갱이 : 알맹이 를 까서,
냠냠 알갱이 : 알맹이 를 먹었어요.

정답
알갱이
알맹이

'알갱이'와 '알맹이'는 뜻도 비슷하고 모양도 비슷해서 헷갈리기 쉬워요. '알갱이'는 껍질이나 껍데기를 벗기지 않은 열매나 곡식 또는 모래처럼 작고, 동그랗고, 단단한 물질을 뜻해요. 한편 '알맹이'는 곡식·열매의 껍질이나 껍데기를 벗겼을 때 안에 있는 부분을 뜻해요.

외우기 팁
알갱이를 까다
알맹이를 먹다

1 낱말을 큰 소리로 읽고 맞춤법에 맞게 쓰세요.

알	갱	이
알	갱	이

알	맹	이
알	맹	이

2 문장에 들어갈 낱말을 보기에서 골라 맞춤법에 맞게 쓰세요.

> **보기** 알갱이   알맹이

① 밤 [　　　　]가 쏙 빠졌습니다.

② 작은 모래 [　　　　]가 부드럽습니다.

③ 다람쥐가 도토리 [　　　　]만 빼먹었습니다.

④ 보리 [　　　　]를 구워서 껍질을 까 먹었어요.

3 오늘 배운 낱말을 넣어 나만의 문장을 써 보세요.

① 알갱이 _____

② 알맹이 _____

가르치다 vs 가리키다

해설 영상

맞춤법 O|X
선생님이 아이들을 가르치는데 | 가리키는데 ,
한 친구가 창밖의 새를 손가락으로 가르쳤어요 | 가리켰어요 .

정답
가르치는데
가리켰어요.

'가르치다'와 '가리키다'는 뜻이 전혀 다르지만, 소리와 모양이 비슷해서 헷갈릴 때가 많아요. '가르치다'는 지식이나 정보를 전달하는 것을 뜻하고, '가리키다'는 손가락이나 물건으로 방향을 알리는 것을 뜻해요.

외우기 팁
양치질을 가르치다
키를 손가락으로 가리키다

1 낱말을 큰 소리로 읽고 맞춤법에 맞게 쓰세요.

가	르	치	다
가	르	치	다

가	리	키	다
가	리	키	다

2 문장에 들어갈 낱말을 보기에서 골라 맞춤법에 맞게 쓰세요.

보기   가리켜   가르쳐   가리키며   가르치며

① 언니가 동생에게 종이접기를 _____ 주었어요.

② 경찰이 표지판을 _____ 호루라기를 불었어요.

③ 내가 친구에게 자전거 타는 법을 _____ 주었어요.

④ 형이 강아지 소리가 나는 곳을 _____ 말했어요.

3 오늘 배운 낱말을 넣어 나만의 문장을 써 보세요.

① 가르치다 _____

② 가리키다 _____

33

 2주

다음 문장을 읽고, 맞춤법에 맞게 쓴 것을 고르세요.

1. 새해 소원이 이루어지기를 [바라 : 바래].

2. 도토리 [알갱이 : 알맹이] 가 쏙 빠졌어요.

3. 공항에서 가방을 [잃어버렸어요 : 잊어버렸어요].

4. 청양고추는 너무 매워서, 저는 [안 : 못] 먹어요.

빈칸에 들어갈 낱말을 보기에서 골라 바르게 쓰세요.

보기	잃어버리다	잊어버리다	알갱이	알맹이
	가르치다	가리키다	바라다	바래다

5. 등교 시간이 언제였는지 _____ .

6. 바람이 불자 모래 _____ 가 눈에 들어갔습니다.

7. 아이에게 젓가락질하는 방법을 _____ .

8. 오래전에 산 도화지가 누렇게 _____ .

다음 글의 밑줄 친 낱말 중 틀린 것을 찾아 바르게 고쳐 쓰세요.

"너 왜 이제야 오니? 이러다 혜준이 생일 파티에 늦겠어."
수현이가 발걸음을 재촉했습니다. 나는 기어들어 가는 목소리로 대답했습니다.
"미안해. 약속 시간을 깜박 ㉠<u>잃어버리고</u> 늦잠을 잤거든."
"그나저나 네가 준비한 선물은 뭐야?"
수현이는 내가 들고 있는 선물 상자를 손가락으로 ㉡<u>가르치며</u> 물었습니다.
"곰이 그려진 공책인데, 혜준이가 예전에 선물 받길 ㉢<u>바랬던</u> 거야."
"아! 나도 그거 사려고 했는데 문방구에 없어서 ㉣<u>못</u> 샀어."
"너는 뭐 샀는데?"
수현이는 주머니에서 선물을 꺼냈습니다.
"포도 ㉤<u>알맹이</u>처럼 생긴 젤리인데, 진짜 포도 맛이 나!"
"우와! 혜준이가 좋아하겠는걸?"
나는 수현이와 함께 혜준이 집으로 향했습니다.

9 _____ →

10 _____ →

11 _____ →

맞춤법에 맞게 쓴 것을 고르고 사다리를 타고 내려가 정답을 확인하세요.

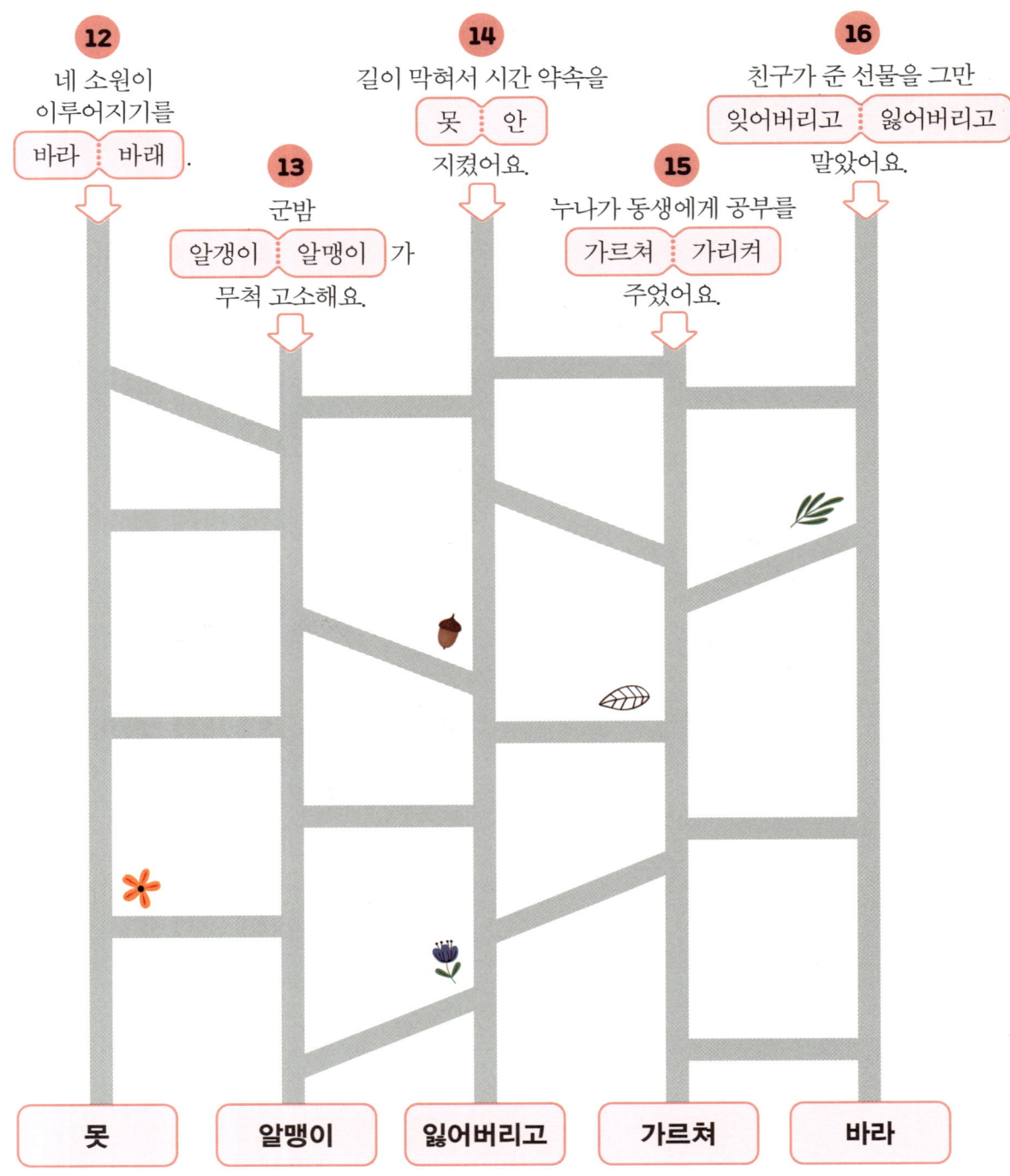

3주

소리가 비슷하지만 다른 낱말

공부할 내용

11	왜 vs 외	월 일	✓
12	왠 vs 웬	월 일	☐
13	메다 vs 매다	월 일	☐
14	세다 vs 새다	월 일	☐
15	비치다 vs 비추다	월 일	☐

 # 11 꽤 vs 꾀

해설 영상

맞춤법 OX

엄마는 [꾀][꽤] 그럴싸한 [꾀][꽤] 를 떠올렸어요.

정답
꽤
꾀

'꽤'는 보통보다 조금 더 많은 정도, 제법 괜찮은 정도를 뜻해요. 한편 '꾀'는 일을 잘 해내거나 꾸며 내는 생각을 말해요. 소리가 비슷하지만 전혀 다른 뜻이에요.

외우기 팁

꽤 괜찮다.

괴물 에게서 도망가려고 꾀 를 쓰다.

1 낱말을 큰 소리로 읽고 맞춤법에 맞게 쓰세요.

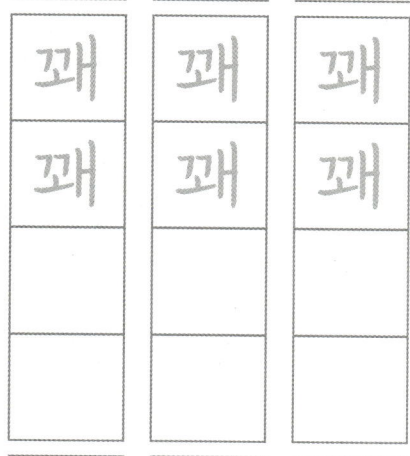
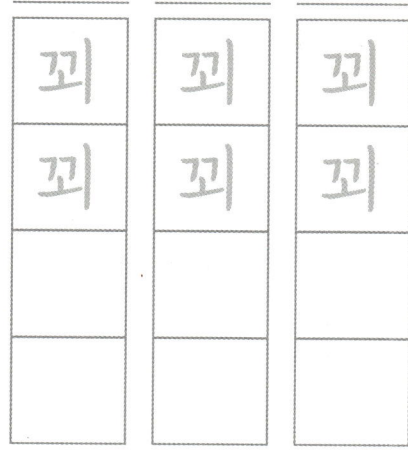

2 문장에 들어갈 낱말을 보기에서 골라 맞춤법에 맞게 쓰세요.

| 보기 | 꽤 | 꾀 |

① 이거 ☐ 괜찮은 생각인걸?

② 여기서 편의점까지는 ☐ 멀어요.

③ 토끼는 ☐ 를 내어서 용궁에서 도망쳤어요.

④ 학원에 가기 싫어서 배가 아프다고 ☐ 를 부렸어요.

3 오늘 배운 낱말을 넣어 나만의 문장을 써 보세요.

① 꽤 _____

② 꾀 _____

 ## 왠 vs 웬

맞춤법 OX

 : 일인지 모르겠지만,

 : 지 모르게 기운이 빠졌어요.

정답
웬
왠

'왠'과 '웬'은 소리와 모양이 비슷해서 정말 헷갈려요. 그럴 땐 무엇을 줄인 말인지 생각해 보세요. '왠'은 '왠지'처럼 쓰는데, '왜인지'를 줄여 쓴 말이지요. '웬'은 '어찌 된', '어떠한'이라는 뜻으로, 홀로 쓰이거나 '웬일이니'처럼 쓰여요.

외우기 팁 왜인지 왠지

'왠'은 바로 뒤에 '-지'가 붙는다고 생각하면 구분하기 쉽습니다.

1 낱말을 큰 소리로 읽고 맞춤법에 맞게 쓰세요.

왠	지
왠	지

왠	지
왠	지

웬	일
웬	일

웬	일
웬	일

2 문장에 들어갈 낱말을 보기에서 골라 맞춤법에 맞게 쓰세요.

| 보기 | 왠 | 웬 |

① 오늘은 [　　] 지 느낌이 좋지 않아.

② 부지런한 네가 [　　] 일로 지각을 했니?

③ 강아지를 보면 [　　] 지 기분이 좋아져요.

④ 오늘따라 공원에 [　　] 사람들이 이렇게나 많지?

3 오늘 배운 낱말을 넣어 나만의 문장을 써 보세요.

① 왠 _____

② 웬 _____

13. 메다 vs 매다

해설 영상

맞춤법 OX
학교에 가려고 가방을 매고 : 메고, 신발끈을 맸어요 : 멨어요.

정답
메고
맸어요

'메다'는 '어깨나 목에 걸치거나 올려놓다', '빈 곳이 채워지다', '목소리가 나오지 않는다' 등의 뜻이 있어요. '걸친다'는 뜻으로 쓰일 때는 끈을 묶는다는 뜻의 '매다'와 헷갈릴 수 있어요. '매다'는 끈이나 줄을 엇걸고 잡아당겨서 풀어지지 않도록 만들다는 뜻으로 자주 사용됩니다.

외우기 팁
메 달을 메 다
매 의 발목에 끈을 매 다.

1 낱말을 큰 소리로 읽고 맞춤법에 맞게 쓰세요.

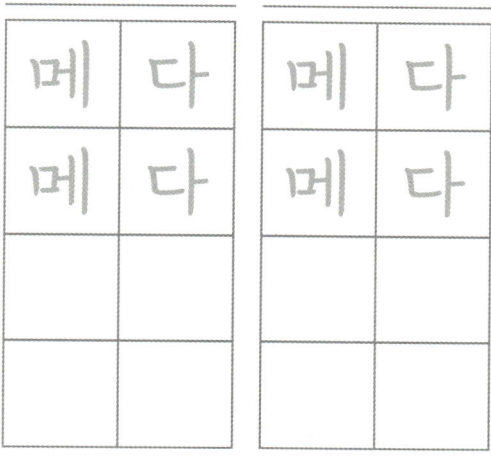

2 문장에 들어갈 낱말을 보기에서 골라 맞춤법에 맞게 쓰세요.

| 보기 | 매고 | 메고 | 메었어요 | 매었어요 | 맸어요 |

① 가방을 ☐ 학교에 가요.

② 차에 타서 안전벨트를 ☐ .

③ 운동화 끈을 단단히 ☐ 달려요.

④ 밥을 급히 먹어서 목이 ☐ .

3 오늘 배운 낱말을 넣어 나만의 문장을 써 보세요.

① 메다 _____

② 매다 _____

43

14 세다 vs 새다

해설 영상

맞춤법 O|X

비바람이 무척 [새게 : 세게] 불더니,
지붕에서 비가 [새기 : 세기] 시작했어요.

정답
세게
새기

'세다'는 힘이 강한 것을 나타내요. 또는 수를 헤아리는 동작을 나타내기도 하며, 털이나 얼굴이 하얗게 되는 것을 말하기도 해요. '새다'는 공기나 물이 빠져나가는 것을 나타내거나 날이 밝아 오는 것을 말하기도 해요.

외우기 팁

세 상에서 제일 세 다.

새 벽에 물이 새 다.

44

1 낱말을 큰 소리로 읽고 맞춤법에 맞게 쓰세요.

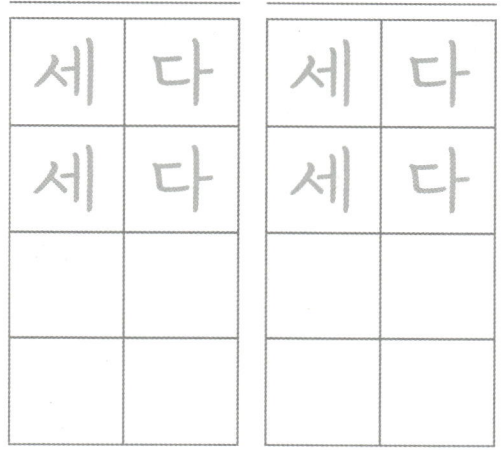
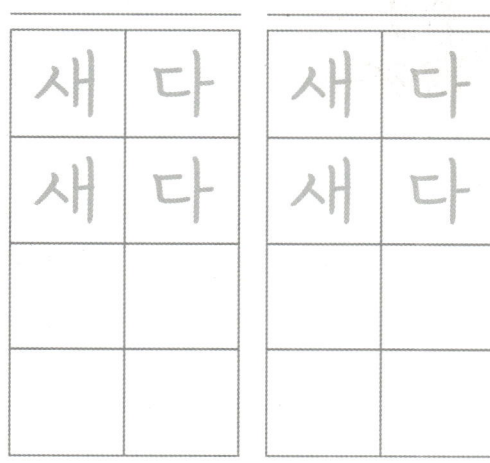

2 문장에 들어갈 낱말을 보기에서 골라 맞춤법에 맞게 쓰세요.

| 보기 | 세요 | 새요 | 셌어요 | 샜어요 |

① 축구공에서 바람이 ☐.

② 내가 동생보다 힘이 ☐.

③ 게임을 하느라 밤을 ☐.

④ 1부터 100까지 숫자를 ☐.

3 오늘 배운 낱말을 넣어 나만의 문장을 써 보세요.

① 세다 _____

② 새다 _____

15. 비치다 vs 비추다

해설 영상

맞춤법 OX

거실에 햇빛이 [비치고] [비추고],
햇살이 얼굴을 [비친다] [비춘다].

정답
비치고
비춘다

'비치다'는 빛이 나서 환하게 된다는 뜻이에요. 반면에 '비추다'는 빛을 내는 것이 다른 것에게 빛을 보내 밝게 한다는 뜻을 가지고 있지요. 비슷하게 생긴 두 단어를 어떻게 구별할 수 있을까요? '~<u>가</u> 비치다', '~가 ~<u>를</u> 비추다'로 사용됩니다. 즉 문장에 '~을, ~를'이 들어가면 '비추다'를 쓴다고 기억하세요.

외우기 팁

빛이 비치다
누구를, 무엇을 비추다

1 낱말을 큰 소리로 읽고 맞춤법에 맞게 쓰세요.

 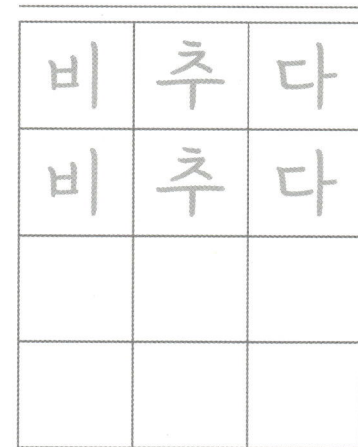

2 문장에 들어갈 낱말을 보기에서 골라 맞춤법에 맞게 쓰세요.

| 보기 | 비춰요 | 비쳐요 | 비쳤어요 | 비췄어요 |

① 거울에 얼굴을 _____ .

② 햇빛이 화사하게 _____ .

③ 창문에 나무 그림자가 _____ .

④ 손전등으로 어두운 곳을 _____ .

3 오늘 배운 낱말을 넣어 나만의 문장을 써 보세요.

① 비치다 _____

② 비추다 _____

3주

다음 문장을 읽고, 맞춤법에 맞게 쓴 것을 고르세요.

1. (왠 / 웬)지 기분이 좋아!

2. 신발 끈을 꽉 (메고 / 매고) 뛰어요.

3. 우리 형은 힘이 무척 (새다 / 세다).

4. (쾌 / 꾀) 놀라운 소문을 들었어요.

빈칸에 들어갈 낱말을 보기에서 골라 바르게 쓰세요.

보기	새다	세다	비치다	비추다
	왠	웬	매다	메다

5. 통에서 물이 _____ .

6. 어두운 곳에 조명을 _____ .

7. 이게 _____ 떡이야!

8. 무거운 배낭을 _____ .

다음 글의 밑줄 친 낱말 중 틀린 것을 찾아 바르게 고쳐 쓰세요.

지효는 주말에 부모님을 따라 산에 올랐습니다. 생각보다 정상은 꽤 멀었어요. 지효는 산에 올라갈수록 어깨에 ㉠맨 가방이 무척 무겁게 느껴졌습니다.
"엄마! 아빠! 잠시 쉬었다 가고 싶어요."
"좋아. 저기 그늘에서 잠시 쉬자."
지효네 가족은 바위에 앉아서 숨을 돌렸어요. 시간이 조금 흐르자 나무 사이로 들어온 햇빛이 얼굴을 ㉡비추었습니다. 지효는 ㉢웬지 모르게 기분이 상쾌해졌어요. 그때 아빠가 지효를 불렀어요.
"지효야, 목이 말라서 그런데 네 가방에 있는 물통 좀 꺼내 주겠니?"
"네, 잠시만요."
지효가 가방을 열고 손을 집어 넣었는데 가방 안이 축축했습니다.
"앗! 물통에서 물이 ㉣세고 있었어요! 뚜껑이 꽉 안 닫혔나 봐요."
"㉤꽤 많이 흘렸는 걸?"
"다행히 물은 아직 남아 있어요."
"정말 다행이구나!"
지효와 부모님은 안도하면서 웃었습니다. 그날 산 위에서 마신 물은 꿀맛이었습니다.

9 _____ →

10 _____ →

11 _____ →

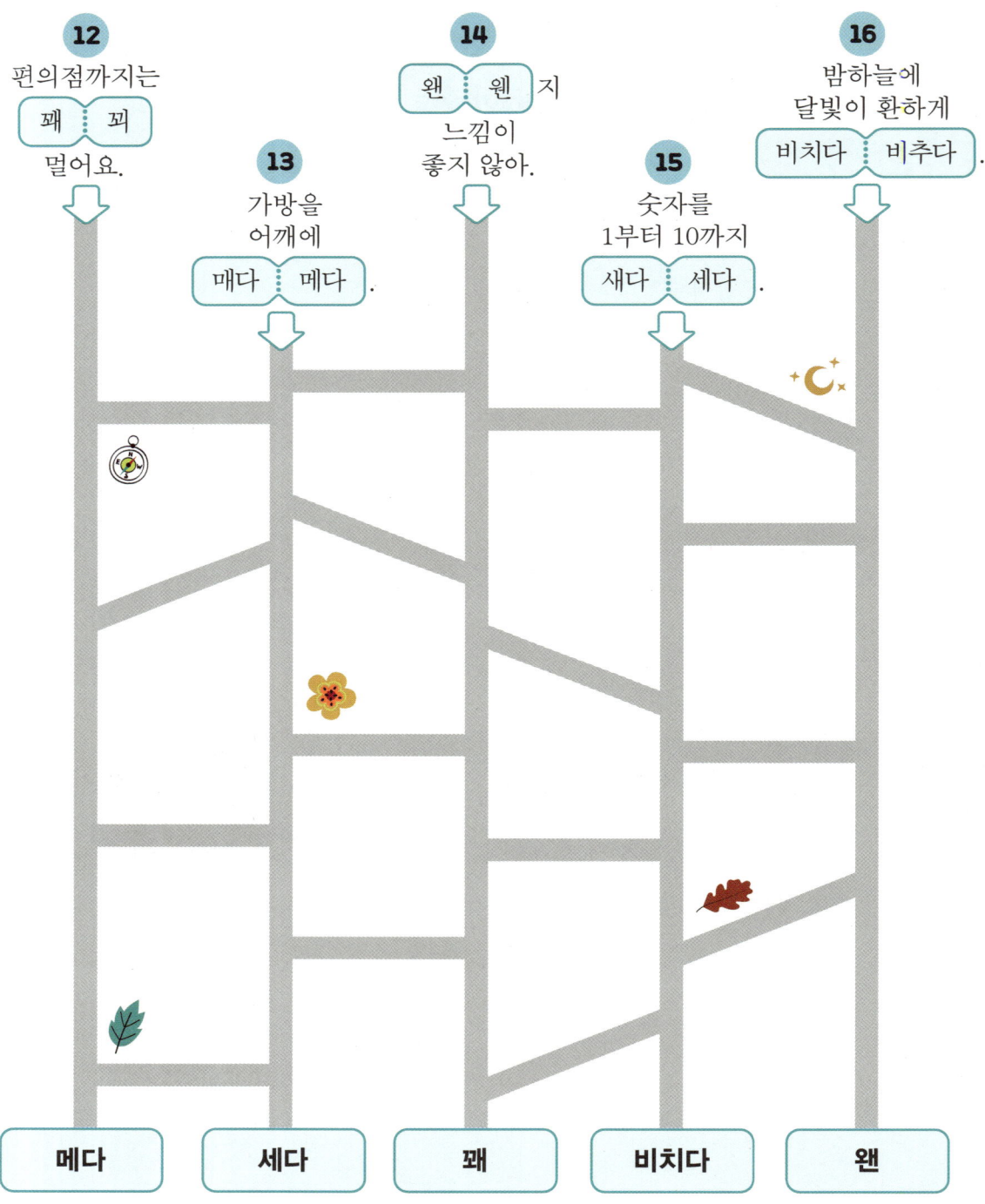

4주

소리가 같지만 다른 낱말

공부할 내용

16	시키다 vs 식히다	월 일	✓
17	다치다 vs 닫히다	월 일	☐
18	무치다 vs 묻히다	월 일	☐
19	부치다 vs 붙이다	월 일	☐
20	버리다 vs 벌이다	월 일	☐

시키다 vs 식히다

해설 영상

맞춤법 O|X

메뉴판을 보고 김치찌개를 | 시켰어요 : 식혔어요 |.

그런데 김치찌개가 뜨거워서 국물을 | 시켰어요 : 식혔어요 |.

정답
시켰어요
식혔어요

'시키다'와 '식히다'는 말할 때 소리가 같지만 뜻은 전혀 달라요. '시키다'는 무엇을 하게 하거나, 음식 등을 주문하는 것을 말해요. 한편 '식히다'는 '식게 하다'는 뜻으로, 뜨거운 것을 없애거나, 땀을 말리는 것을 뜻해요.

외우기 팁

카페에서 음료를 시키다
뜨거운 호빵을 식히다

1 낱말을 큰 소리로 읽고 맞춤법에 맞게 쓰세요.

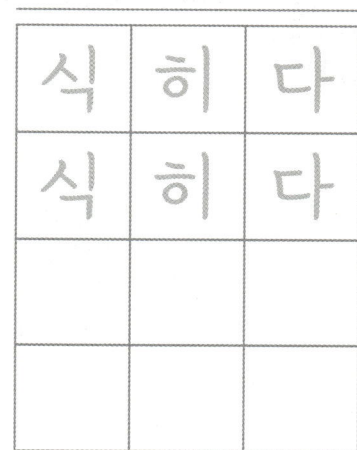

2 문장에 들어갈 낱말을 보기에서 골라 맞춤법에 맞게 쓰세요.

| 보기 | 시켜 | 식혀 | 시켜요 | 식혀요 |

❶ 선풍기 앞에서 땀을 ☐.

❷ 전화로 짜장면을 ☐ 먹었어요.

❸ 유자차를 차갑게 ☐ 먹었어요.

❹ 걸핏하면 동생에게 심부름을 ☐.

3 오늘 배운 낱말을 넣어 나만의 문장을 써 보세요.

❶ 시키다 _____

❷ 식히다 _____

17 다치다 vs 닫히다

맞춤법 OX

바람이 불어 창문이 다쳐서 : 닫혀서,
그만 손가락을 다쳤어요 : 닫혔어요.

정답
닫혀서
다쳤어요

'다치다'와 '닫히다'는 소리만 같지 뜻은 전혀 달라요. '다치다'는 몸이나 마음이 상처 입는 것을 말해요. 한편 '닫히다'는 '닫게 하다'는 뜻으로 문이나 뚜껑, 서랍 등을 원래 대로 막히게 하는 것을 말해요. 때로는 가게, 은행, 회사 등이 하루의 영업이 끝났다는 의미도 있어요.

외우기 팁

다치다 - 치료
닫히다 - 현관문

1 낱말을 큰 소리로 읽고 맞춤법에 맞게 쓰세요.

다	치	다
다	치	다

닫	히	다
닫	히	다

2 문장에 들어갈 낱말을 보기에서 골라 맞춤법에 맞게 쓰세요.

보기　　다친다　　닫힌다　　다쳤어요　　닫혔어요

① 3시가 되면 은행 문이 _____.

② 바람이 불어 문이 저절로 _____.

③ 피구를 하다 보면 손가락을 쉽게 _____.

④ 스케이트를 타다가 넘어져서 _____.

3 오늘 배운 낱말을 넣어 나만의 문장을 써 보세요.

① 다치다 _____

② 닫히다 _____

무치다 vs 묻히다

해설 영상

맞춤법 O|X

빨갛게 콩나물을 [무치다가] [묻히다가], 그만 옷에 양념을 [무치고] [묻히고] 말았어요.

정답
무치다가
묻히고

'무치다'와 '묻히다'는 소리가 같지만 뜻이 조금 달라요. '무치다'는 나물 같은 것에 양념을 넣고 골고루 섞을 때 쓰는 표현이에요. '묻히다'는 '묻게 하다'라는 뜻으로, 물건이 흙이나 다른 물건 속에 덮어져서 보이지 않게 되거나, 작은 무엇이 큰 것에 들러붙을 때 쓰여요.

외우기 팁

무에 양념을 무치다.

운동장에 묻히다.
땅에 묻히다.

1 낱말을 큰 소리로 읽고 맞춤법에 맞게 쓰세요.

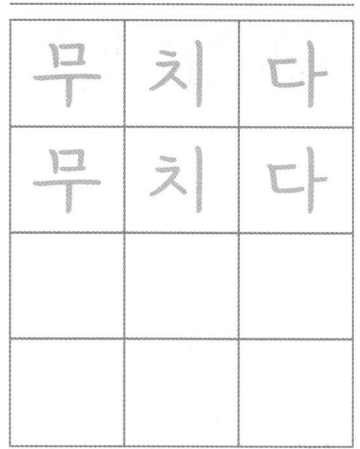

2 문장에 들어갈 낱말을 보기에서 골라 맞춤법에 맞게 쓰세요.

| 보기 | 무쳐 | 묻혀 | 무치고 | 묻히고 |

① 이곳에 보물이 [　　　] 있대요.

② 엄마가 콩나물을 [　　　] 주셨어요.

③ 저런, 옷에 물감을 [　　　] 말았구나.

④ 시금치를 [　　　], 김치찌개를 끓였어요.

3 오늘 배운 낱말을 넣어 나만의 문장을 써 보세요.

① 무치다 _____

② 묻히다 _____

부치다 vs 붙이다

해설 영상

맞춤법 O|X
우표를 봉투에 부치고 : 붙이고,
친구에게 편지를 부친다 : 붙인다.

정답
붙이고
부친다

'부치다'는 편지나 물건 등을 상대방에게 보내는 것이나, 부채 등으로 바람을 일으키는 것을 말해요. 또는 '힘에 부치다'처럼 기준에 비해 모자라는 것을 뜻하기도 해요. 한편 '붙이다'는 '붙게 하다'는 뜻으로, 서로가 맞닿아 떨어지지 않게 할 때 사용하는 표현이에요.

 외우기 팁 편지를 부치다.   스티커를 붙이다.

1 낱말을 큰 소리로 읽고 맞춤법에 맞게 쓰세요.

2 문장에 들어갈 낱말을 보기에서 골라 맞춤법에 맞게 쓰세요.

| 보기 | 부쳐 | 붙여 | 부쳤어요 | 붙였어요 |

① 바둑에 흥미를 [   ] 봐.

② 더우면 부채를 [   ] 봐.

③ 새로 산 필통에 스티커를 [   ].

④ 전학 간 친구에게 택배를 [   ].

3 오늘 배운 낱말을 넣어 나만의 문장을 써 보세요.

① 부치다 _____

② 붙이다 _____

20 버리다 vs 벌이다

해설 영상

맞춤법 O|X
동생이 쓰레기를 [버리다가 / 벌이다가], 내 방에서 난장판을 [버렸어요 / 벌였어요].

정답
버리다가
벌였어요

'버리다'와 '벌이다'는 소리가 같아서 헷갈리기 쉬워요. '버리다'는 필요 없는 것을 없앤다는 뜻이에요. 한편 '벌이다'는 일을 시작하거나 물건을 펼쳐 놓는다는 뜻이지요.

또 비슷하게 생긴 '벌리다'는 둘 사이를 넓히거나 속을 드러낸다는 뜻이니 구별해서 쓰세요.

외우기 팁
쓰레기를 버리다.
일을 벌이다.

1 낱말을 큰 소리로 읽고 맞춤법에 맞게 쓰세요.

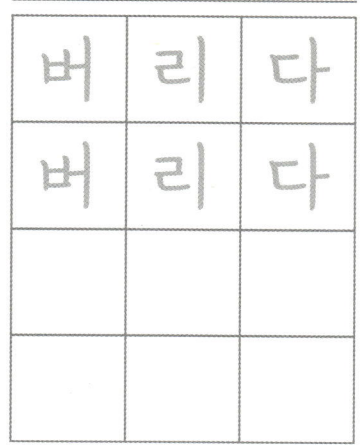

2 문장에 들어갈 낱말을 보기에서 골라 맞춤법에 맞게 쓰세요.

| 보기 | 버리고 | 벌이고 | 버리다가 | 벌이다가 |

❶ 생일 파티를 [　　　　] 즐겁게 놀았어요.

❷ 나쁜 습관은 [　　　　] , 좋은 습관을 기릅시다.

❸ 휴지를 [　　　　] , 새 색연필까지 버리고 말았어요.

❹ 친구와 입씨름을 [　　　　] 그만 진짜로 싸우고 말았어요.

3 오늘 배운 낱말을 넣어 나만의 문장을 써 보세요.

❶ 버리다 _____

❷ 벌이다 _____

다음 문장을 읽고, 맞춤법에 맞게 쓴 것을 고르세요.

1 친척 동생에게 심부름을 [시켰어요 : 식혔어요].

2 세찬 바람에 문이 쾅 하고 [다쳤어요 : 닫혔어요].

3 들리는 소문으로는 언덕에 보물이 [무쳐 : 묻혀] 있대요.

4 찢어진 색종이를 테이프로 깨끗하게 [부쳤어요 : 붙였어요].

빈칸에 들어갈 낱말을 보기에서 골라 바르게 쓰세요.

보기	다치다	닫히다	무치다	묻히다
	부치다	붙이다	버리다	벌이다

5 가위를 사용하다가 손가락을 _____.

6 저녁 반찬 준비를 위해 나물을 _____.

7 시골에 계시는 할머니께 편지를 _____.

8 쓸모 없는 물건을 _____.

다음 글의 밑줄 친 낱말 중 틀린 것을 찾아 바르게 고쳐 쓰세요.

어느 날 오후, 식사 준비를 하던 엄마는 소현이에게 심부름을 ㉠시켰습니다.
"소현아! 엄마가 지금 밖에 나갈 수가 없어. 시금치 삶아 놓은 것을 ㉡묻혀야 하거든. 혹시 엄마 대신 나가서 일 좀 봐줄래?"
"네, 알겠어요. 뭐 하면 될까요?"
"저기 상자 보이지? 우체국에 가서 소포 좀 ㉢붙이고 오렴."
소현이는 고개를 끄덕였습니다.
"네, 다녀오겠습니다."
그때 엄마가 급하게 외쳤습니다.
"아참! 그리고 나가는 길에 쓰레기 좀 ㉣벌이고 오렴. 쓰레기봉투 안에 깨진 그릇도 있으니까 ㉤다치지 않게 조심하고!"
"네!"
소현이는 조심스럽게 쓰레기봉투와 상자를 들고 집을 나섰습니다. 엄마를 도와드릴 수 있다는 생각에 뿌듯했어요.

9 _____ →

10 _____ →

11 _____ →

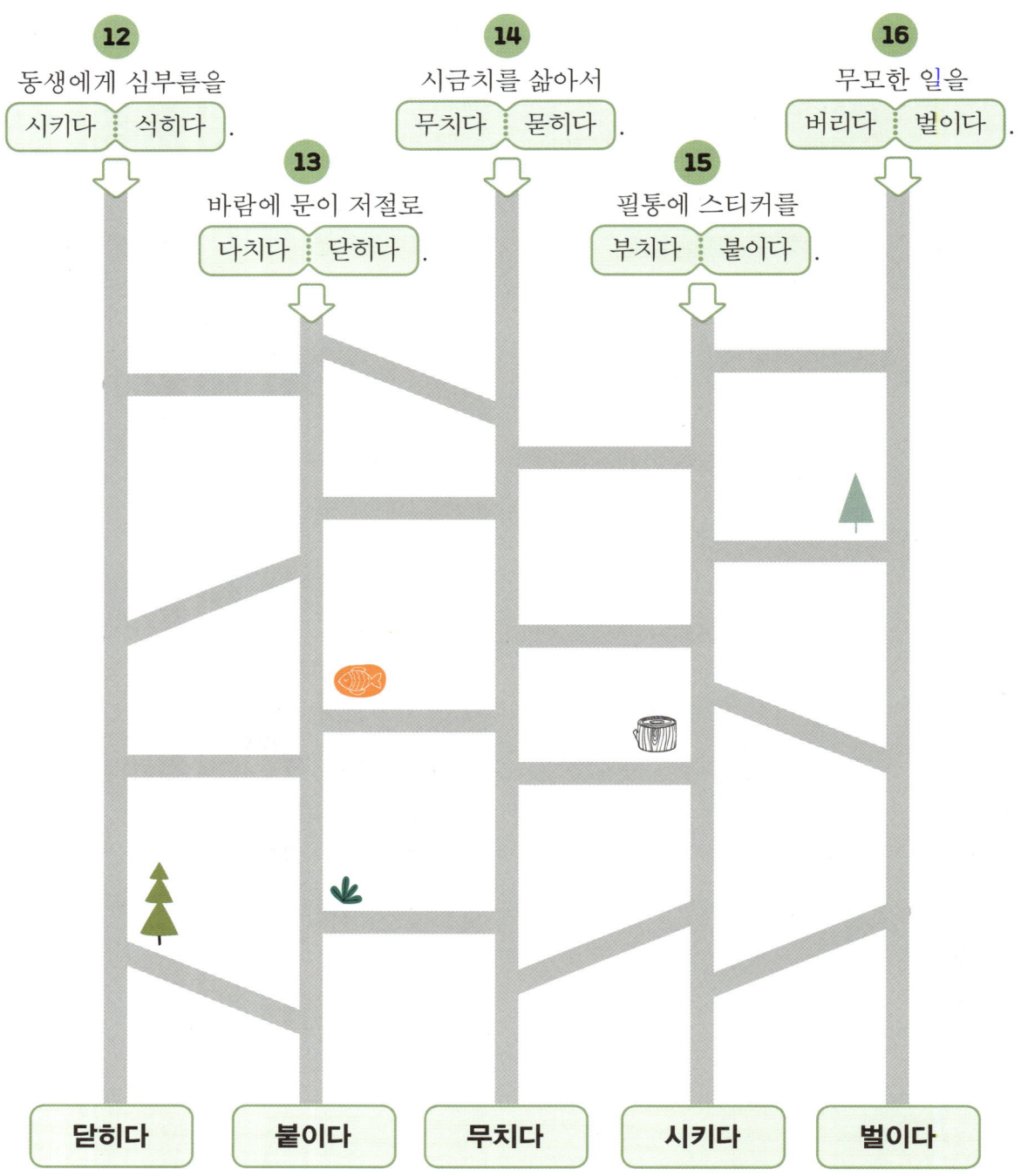

부록

도움 답안
&
OX퀴즈 맞춤법카드

OX퀴즈 도움 답안

1주

1일 1. 가까이 2. 솔직히 3. 솔직히 4. 가까이
2일 1. 밤새 2. 밤새 3. 금세 4. 금세
3일 1. 오랜만 2. 무릅쓰고 3. 오랜만 4. 무릅쓰고
4일 1. 설거지 2. 숨바꼭질 3. 숨바꼭질 4. 설거지
5일 1. 나무꾼 2. 해님 3. 해님 4. 나무꾼

어휘력 쑥쑥 맞춤법 문제 1
1. 솔직히 2. 가까이 3. 금세 4. 밤새도록
5. 오랜만 6. 설거지 7. 해님 8. 나무꾼
9. ㉠숨박꼭질 → 숨바꼭질 10. ㉣밤세 → 밤새
11. ㉢설겆이 → 설거지 12. 해님 13. 밤새
14. 설거지 15. 솔직히 16. 무릅쓰고

2주

6일 1. 잃어버렸어요 2. 잊어버렸어요
3. 잃어버리고 4. 잊어버리고
7일 1. 바랬어요 2. 바랐어요 3. 바라다니
4. 바래다니
8일 1. 못 2. 안 3. 안 4. 못
9일 1. 알맹이 2. 알갱이 3. 알맹이 4. 알갱이
10일 1. 가르쳐 2. 가리키며 3. 가르쳐
4. 가리키며

어휘력 쑥쑥 맞춤법 문제 2
1. 바라 2. 알맹이 3. 잃어버렸어요 4. 못
5. 잊어버리다. 6. 알갱이 7. 가르치다
8. 바래다 9. ㉠잃어버리고 → 잊어버리고
10. ㉡가르치며 → 가리키며 11. ㉢바랬던 → 바랐던 12. 바라 13. 알맹이 14. 못
15. 가르쳐 16. 잃어버리고

3주

11일 1. 꽤 2. 꽤 3. 꾀 4. 꾀
12일 1. 왠 2. 웬 3. 왠 4. 웬
13일 1. 메고 2. 맸어요 3. 매고 4. 메었어요
14일 1. 새요 2. 세요 3. 샜어요 4. 셌어요
15일 1. 비춰요 2. 비쳐요 3. 비쳤어요
4. 비췄어요

어휘력 쑥쑥 맞춤법 문제 3
1. 왠 2. 매고 3. 세다 4. 꽤 5. 새다
6. 비추다 7. 웬 8. 메다 9. ㉠맨 → 멘
10. ㉢웬지 → 왠지 11. ㉣세고 → 새고
12. 꽤 13. 메다 14. 왠 15. 세다 16. 비치다

4주

16일 1. 식혀요 2. 시켜 3. 식혀 4. 시켜요
17일 1. 닫힌다 2. 닫혔어요 3. 다친다
4. 다쳤어요
18일 1. 묻혀 2. 무쳐 3. 묻히고 4. 무치고
19일 1. 붙여 2. 부쳐 3. 붙였어요 4. 부쳤어요
20일 1. 벌이고 2. 버리고 3. 버리다가
4. 벌이다가

어휘력 쑥쑥 맞춤법 문제 4
1. 시켰어요 2. 닫혔어요 3. 묻혀 4. 붙였어요
5. 다치다 6. 무치다 7. 부치다 8. 버리다
9. ㉡묻혀야 → 무쳐야 10. ㉢붙이고 → 부치고
11. ㉣벌이고 → 버리고 12. 시키다 13. 닫히다
14. 무치다 15. 붙이다 16. 벌이다

OX퀴즈 맞춤법카드

솔직히 : 솔직이
너무 지저분하지 않니?

동동이는 밤새 : 밤세 게임을 했어요.

오랫만 : 오랜만 에 눈이 펑펑 내렸어요.

아빠와 하는 숨바꼭질 : 숨박꼭질 은 정말 재미있어요.

(O) 밤새
(X) 밤세

'밤새'는 '밤'과 '사이'가 만나 생긴 말이에요.
'사이'를 줄여 '새'로 표현한 말에는
'요새', '어느새' 등이 있어요.

(O) 솔직히
(X) 솔직이

'하다'를 붙여 보세요.
'솔직히'는 '솔직하다'로 되니까, '솔직히'로
써요. 또 발음을 바르게 하면 외우기 쉬워요.
[솔찌키]가 바른 발음이에요.

(O) 숨바꼭질
(X) 숨박꼭질

'숨바꼭질'은 소리 나는 대로 쓰는 말이에요.
'설거지' 역시 소리 나는 대로 쓰세요.

(O) 오랜만
(X) 오랫만

'오랜만'은 '오래간만'이 줄어든 말이에요.
비슷한 표현인 '오랫동안'에는
사이시옷을 넣어서 써요.

나무꾼 : 나뭇꾼 은 땀을 뻘뻘 흘리며 나무를 하고 있어요.

어제 새로 산 휴대 전화를 **잃어버렸어요 : 잊어버렸어요** .

어릴 적 친구들과 찍은 사진이 색이 다 **바랐네 : 바랬네** .

축구공이 없으니 축구는 **안 : 못** 하겠다. 우리 야구를 하자!

잃어버리다
갖고 있던 물건이 사라지는 것을 뜻해요.

잊어버리다
원래 알고 있던 것을 기억하지 못하는 것을 나타내요.

(O) 나무꾼
(X) 나뭇꾼

'나무꾼'에서 '-꾼'은 혼자서는 따로 쓰일 수 없는 말이라서, 사이시옷을 넣지 않고 그대로 써요. '해님' 역시 마찬가지예요.

안
할 수 있지만, 일부러 하지 않는 경우에 써요.

못
하고 싶어도 할 수 없는 경우에 써요.

바라다
어떤 일이 이루어지길 간절히 원하는 것을 말해요.

바래다
빛이나 바람을 쐬어서 색이 연하게 변한 것을 뜻해요.

우리는 호두를 깨서 알갱이 : 알맹이 를 먹었어요.

한 친구가 창밖의 새를 손가락으로 가르쳤어요 : 가리켰어요.

엄마는 꽤 : 꾀 그럴싸한 말로 동동이를 달랬어요.

왠 : 웬 일로 이렇게 무겁지?

가르치다
지식을 남에게 알려주는 것을 말해요.

가리키다
손가락 등으로 방향을 알려주는 것을 말해요.

알갱이
껍질이나 껍데기를 벗기지 않은 열매나 곡식, 또는 모래처럼 작고 동그랗고 단단한 물질을 뜻해요.

알맹이
곡식이나 열매의 껍질을 벗겼을 때 안에 있는 부분을 말해요.

왠
'왠지'처럼 쓰이는데, '왜인지'를 줄여 쓴 말이에요.

웬
'웬일'처럼 쓰이는데, '어찌 된', '어떠한'이라는 뜻을 나타내요.

꽤
보통보다 조금 더 많은 정도를 말해요.

꾀
일을 잘해내거나 꾸며내는 생각을 말해요.

아리는 신발끈을 단단히 (메고 / 매고) 학교에 가요.

지붕에서 빗물이 (세고 / 새고) 있어요.

아침 햇살이 동동이 얼굴을 (비치고 / 비추고) 있어요.

호호 바람을 불어 김치찌개를 (시켰어요 / 식혔어요).

세다
힘이 강하다는 뜻, 혹은 수를 헤아리는 동작을 뜻해요.

새다
바람이나 물이 빠져나가는 것을 나타내요.

메다
어깨나 목에 걸치거나 올려놓는다는 뜻이에요. 가방은 '메야' 해요.

매다
끈 등을 묶어서 풀어지지 않게 한다는 뜻이에요.

시키다
무엇을 하게 만들거나, 음식 등을 주문하는 것을 말해요.

식히다
뜨거운 것을 '식게 하는' 것을 말해요.

비치다
빛이 나서 환하게 된다는 말로, 홀로 쓰일 수 있어요.

비추다
빛이 무엇에 닿아 밝게 만든다는 뜻으로, 빛이 닿는 대상이 꼭 함께 쓰여요.

갑자기 창문이 **다쳐서 / 닫혀서** 손가락을 다쳤어요.

그만 옷에 양념을 **무치고 / 묻히고** 말았어요.

멀리 이사 간 친구에게 편지를 **부쳤어요 / 붙였어요**.

동동이는 누나의 방에서 난장판을 **버렸어요 / 벌였어요**.

무치다
나물 같은 것에 양념을 넣고 골고루 섞는 것을 말해요.

다치다
몸이나 마음이 상처 입는 것을 말해요.

묻히다
작은 무엇이 큰 것에 들러붙는, '묻게 하는' 것을 말해요.

닫히다
문이나 뚜껑 등을 원래대로 막히게 하는, '닫게 하는' 것을 말해요.

버리다
필요 없는 것을 없앤다는 뜻이에요.

부치다
편지나 물건을 보내는 것을 말해요.

벌이다
일을 시작하거나 물건을 펼쳐 놓는다는 뜻이에요.

붙이다
서로가 맞닿아 떨어지지 않게 하는, '붙게 하는' 것을 말해요.